# 尘中春尽

吴 舟 著

对外经济贸易大学出版社
中国·北京

**图书在版编目（CIP）数据**

尘中春尽／吴舟著．—北京：对外经济贸易大学出版社，2013
ISBN 978-7-5663-0901-3

Ⅰ．①尘…　Ⅱ．①吴…　Ⅲ．①诗集－中国－当代
Ⅳ．①I227

中国版本图书馆 CIP 数据核字（2013）第 259702 号

**ⓒ 2013 年　对外经济贸易大学出版社出版发行**

**版权所有　翻印必究**

**尘 中 春 尽**

**吴　舟　著**

**责任编辑：阮珍珍**

对 外 经 济 贸 易 大 学 出 版 社
北京市朝阳区惠新东街 10 号　邮政编码：100029
邮购电话：010－64492338　发行部电话：010－64492342
网址：http://www.uibep.com　E-mail：uibep@126.com

唐山市润丰印务有限公司印装　新华书店北京发行所发行
成品尺寸：140mm×203mm　8.875 印张　192 千字
2013 年 12 月北京第 1 版　2013 年 12 月第 1 次印刷

ISBN 978-7-5663-0901-3
定价：23.00 元

# 作者简介

吴舟，原名周建武，男，1970年生于江苏宜兴。教育专家、逻辑名师、文化学者。管理学博士、教育学博士后；逻辑学教授、软科学研究员、高级工程师。在京长期从事博硕士研究生教育与培训工作，兼任中国博士智库高级专家、21世纪新逻辑研究院副院长等职。爱好阅读、思考和写作，目前主要研究方向是逻辑思维、经济管理与社会文化，已编著出版逻辑、社科等各类著作二十余部，创作并出版诗集两部。

# 前　言

现实生活的节奏越来越快，在忙忙碌碌中，我们似乎已无暇停下脚步，去追寻我们或多或少曾经拥有过的那种浪漫的诗歌情怀。

诗歌，已成为一段深藏在灵魂深处无法言说的往事，或者是这个物质时代一种不合时宜的尴尬。在现实生活中，是诗歌离开了我们，还是我们离开了诗歌，答案其实并不重要，重要的是我们相信，只要世界存在，不管在它的哪个角落，总会有诗意的存在。

写诗始于上世纪八十年代末到九十年代初，本人从江南水乡到古都西安就读大学的校园时代，诗歌尤其是朦胧诗正是当时青年学子们的热门爱好，尽管在当今的物质时代，已越来越成为现实生活中的稀有物种。

往事如诗，旧尘如歌，本书主要汇集了本人在1988至1995年中创作的具有意识流色彩的朦胧诗和超现实主义诗歌。在那些寂动的年代，我发现意识流是一种最有效的表述载体。所谓意识流，就是认为，现实主义往往只是显示了人外在的现实和表面的真实，并没有揭示人本身的真实，内在的真实源于人复杂的内心世界，其中包含着各种下意识、潜意识乃至无意识。由此，我所理解的诗歌往往是一种意会，是一种象征，更是现实生活在虚拟空间的一种净化或映射。继而，我所认为的诗歌创作，就是用个人的直觉去触及内心深处微妙的部分，用非逻辑的语言去构筑一个时空重叠而又充满诗意的超现实世界。

在生活的跋涉中，我们有时需要稍稍驻足，诗意往往在这样的时刻不经意间闯入。通过这些留下来的无规则的线索，也许在某个夜深人静的时刻，可以借此追忆我们都曾共同经历过的青春岁月中喧嚣而又寂动的美好时光。

吴舟

2013 年9月于北京

# 目　录

# 春水东流

春水东流
你在火中剥豆
夜色中孤雁失踪
穿过时空的伤口

秉烛之手
在夜中移动
于瞌睡的边缘
众人频频举杯

炼金的边缘
脚印延伸
有人独自淬火
回想挡风的花丛

春水东流
你听见空响泛起
如樱桃落水
出神入化

# 冷　夜

在繁文缛节的生活中
诗歌是芙蓉国的一种
冷夜静聆
梅花落定

昙花一现之上的是沉默
耳濡目染之下的是喧哗
打开门闩的你
犹如一股婆娑的冷香

此次协议
弥漫郁郁葱葱的词语
出水的两朵醉花
面面相觑

# 西风初吹

西风初吹
众人打开珠帘

碑文的香味
来自另一国度

随处翻动密封的日子
就像征伐多年的将士

凯歌浩荡
他们的后裔在灯下眺望

风入旧宅的骨架
昔日的小街一片繁华

# 探　寻

围墙高耸
你偶然间窥视
虚幻的群落
植根于病体之上

笑颜的赤道
在庄稼根部还原
以及封闭的血脉里
陨落的蝎子骚动不宁

你探寻过的物体
被人揭开
天空的大鹰
在血日中丧失路径

丰满的庆典
在系统内外汇集成河
你一人始终探寻
头戴一枝露天火焰

# 真实歌咏

阳光大片大片覆盖原野
原野上的足迹
是一条深深的走廊

昂然行走
或者低头落寞
有人品尝美丽

而现在到处是夺目的阳光
在原野上
无处藏身地走一走
唯有真实的歌咏

在远离人群的歌咏里
放牧自己
于是阳光再度种满原野
于是马的奔腾是尘土的奔腾
于是马的奔腾是心的奔腾

而此刻有一真正的行者
用哑巴的颤动方式
闭上眼睛

# 车站

西去的列车
沿着落日之火
开出钟点

人们都拿着镜子
对里面的家伙说好
你做了个鬼叫

强从门缝里
露出一个光脑袋
哥们刚来
我说我一点也不知道

# 轨 道

这病床埋在屋内
一种黑色载体
由来已久

扒指度年还有猫叫
我越来越糊涂职业的内部结构
以及世上的阳光
或者任何完善物质的装潢

偶尔鹰的主义在屋顶盘旋
这与我息息相关
沉默是风暴的一种
而且休戚与共

# 雨　季

雨中，一册丛书在灯火中翻飞
或者舞曲闪烁黑白相间
机场两端
姐姐，今夜上空烟火高悬

寒冷是物质纯粹的一种
并且陌生的脸孔穿过指缝
童话美丽心旷神怡
今夜房门大开　你占据室内

不用古老的风俗白话演绎
雨季降临的人群蜂拥
水中升起的姐姐如火如荼

# 风雪高照

风雪高照
我期待种子开花
血族中的笑意
穿上外套

被帆染红的海水
露出泡沫的脸庞
长哭再现
映射千年

奔涌的海水
在刻满刀痕的光里
跳跃如蛙
我们从井底仰视
流于钟外的水光

今夜风雪高照
我们在一阵眩目中
查看饥饿的钟表

# 宴　集

一个扭曲了的热烈
以缤纷的噪乐持续

一只盛满咖啡的杯子
因为热得过分
胀裂
狼藉的动作骤然僵硬

静听
有一首嘶哑的棕榈之歌
在吉它丛中
自然进行
斗室以一种默默的凝固
感动

泪流满面的远歌
在寂寞的热带丛林
戛然为止

一个猛然的醒悟
外出多时的乞丐
可怜巴巴
望着空空的酒瓶
一贫如洗

# 暗 伤

铺满落花的居室内
旷世奇才负有暗伤

他的头顶闪烁幻影
嘹亮的号角洞穿日历

锦衣玉帛随风四起
簇拥迷途的芸芸学子

悬于火苗之上的是
反复翻转的帝王

凶手的水泡浮入班车
依次怒放

今夜扇子嫣红
一室之内有人来回走动

# 没入其中

雨不停地下
立交桥建于现代语言之上
其中的机构可想而知
风一吹樵夫就唱

树叶纷飞　美妙非凡
发疯的钢琴里风雨叠障
穿越村庄的猎人两手空空
捉迷藏的小孩停下来呆望

车来人往没入其中
失控的主题四周一片通红

# 昨夜种籽开花

昨夜种籽开花
花的主人矢口否认

天花板向我们展示
市场内外的独到之处

他在王冠上虚度
野花丛中的敌人相继来到

走上舞台　披满鳞片
她的情人一命归天

花香里我们相识
他们说目前生存良好

花开花落　花落花开
热浪中布满悬空的绳索

# 墙

一个冒汽的茶杯
筑成挡风的墙

墙外的爆竹声
在夜幕中星星点点
跋涉的日期拖着血迹

归来的人把脚挂在
墙上
他的瘦脸
仰靠墙的另一侧

很远的地方
驿居的梅
是一首很痛的歌

此刻
墙是一种失重的情感
它是白天岑寂的杰作
是黑夜燃烧的火把

# 版　图

大厦林立
无人站于你的身后
一种使命迷漫天空
站在窗口的女神
正在欣赏音乐建筑

特定的时刻艳阳当空
创新的气派
闪烁的业绩
至此你相信双桨的张力
从里到外
果实累累

不用揭开砂锅
冒腾的蒸汽
漂泊的船
断章取义的队伍
手续齐全

# 洛　神

今夜小站
你是晚归的丁香
雪雨中你始终凝望
杯底里渗出丽唇
今日重现昨日的明证
一缕微光中
列车鸣响

喧闹中剥落下来的凄楚
晴朗的浮萍举目无亲
部族里的金属
挡住了月亮
坠落于河阳的洛神
满怀恩赐　投身高粱

# 问 候

我们在长夜里问候
夜中的笑声依次绽放

群鸟飞逝
旷野中流过一阵亮影

在喧腾的枝头
轮船满载问候远行

我们昔日伤情的舞蹈
悬挂于天穹下

倾向港湾的祈祷
如天边洁白的绒毛

我们在窗台上
互相问候

盆景外紧闭的栅栏
被笑声渗透

# 山　雨

在风满楼的季节
雨开始由远而近

你欲把自己撕成
醉人的山雨

一颗燃烧的流星
正在灼痛季节的深处

捧起的大碗浓茶
冒着热气

这山雨无所不在
除此之外　再无声息

# 水中十四行

黄昏的脚步习惯于药味
水中的身躯毫无疲惫
无论何时你不甘罢休
新闻联播踏过昏黄路基

即使在一丝光亮里就地埋葬
手中的鲜花依然那么吉祥
这世界满是纷扬的独白
水中的言语不再是旅居指南

严肃音乐溜进门缝
烛光之上走过一批羊群
窗台上盆景的眼睛
凝视八仙桌上热茶的气氛

水中的墓穴无所不在
纵使临终仍望天空的壮美

# 外　壳

人群嘈杂
众多市民生存良好
他们各自摆弄
狂欢的炊具

日落城外
我们直接探访语言的成果
其中双肩闪烁
圆润无限

预言的炭火
烧红城市的外壳
这是我们进退维谷间
偶然发现的醉人花朵

# 烛 光

这世界的歌声与我无关，这聚会中的光亮，让我熟悉一种习惯

一枝烛光
一片大鸟的浑黄
四合院落升起阵年家酿
瓶瓶罐罐　敲敲打打
以及享誉诗坛的五谷杂粮

风来雨去　何年何月
穿过一支烛光的倾国美人
走在碑文之上
饮下九重雨水的花脸戏子
道一声醉了

# 倾 听

在下雪之前
他们并不惧怕
伏案倾听团体的外围
纷纷扬扬的果实
映照好天气

因此十八种兵器之上
马点纷飞
与生俱来我们与万家灯火
一起上升
那种手法随之离境

秋日的背影百般珍爱
情感的火焰无所不在

# 末　夜

末夜
人们一个个离开了房间
有人学了声猫叫
我举起清茶一杯
味道极好

飘雪如梅
雪花悄然深入丛林之时
夜色已深
什么地方有梅的心跳
我无法找到

夜色深沉
想想梅花盛开的季节
我不知道
那时你能不能够回来

# 秩　序

烛光摇动
鹰在其中展开翅膀
一端触及尘雾
一端抵过海洋

在盛开的节日背后
你在山上吹箫
众人在山下合起手掌

雪花飘来的时候
你靠着屋檐
想起那晚的红月亮

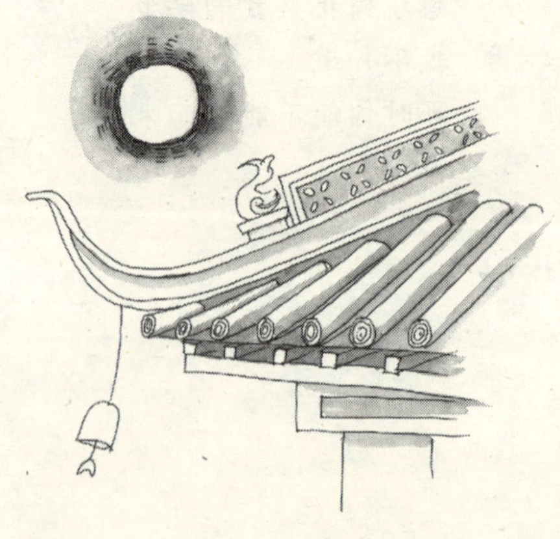

# 晨曦

当年晨曦迷漫入秋
我们在太阳下
握手
笑容最甜
在墙的两侧渗透

那时晨曦披在身上
你的飘发是晨中的霞光
现在我在落日旁边独饮
到处是落叶
缤纷

晨曦辉煌
现在的你是否仍倚在窗下
向少时回望

# 红　颜

红颜的水镜
如雁高飞
烽火托起荣耀
铁马下的冰河
惨烈中的温存

朝廷很热
红颜难觅人间铁证
在远离荣耀的背景里
波澜不惊

臣民安然走在唯一的通道
当今的众人寻找这面水镜
上面飘过
红颜高飞的美妙歌声

# 紫光照耀

紫光照耀
在旧宅的壁橱里
我睡了个好觉

我看见繁华滑落于
晨曦的隧洞
凹痕里的异国风情
建在柴堆之上

在足迹沉没的据点
天上飞过沙砾
如旅居客店的封面
大河奔腾
情歌闪烁

我曾目睹拂晓升起
闲暇的残渣
擦亮铜器

# 一束秋天节节升起

秋又深了
深成一朵冷夜
含苞欲放

每一个人都有一个房子
人们兀坐寂静
在自己的房子深处
看着秋天的一举一动

整片氛围简单起来
漫衍似水
便有飘风般的记忆
片片坠于心湖
悄无声息

太寂静了
这时就想用
一株嘶哑的吆喝
在自己贫瘠的土地上
破土而出

而背后
心空的钢琴架上
一束灿烂的秋天
正在地平线上
节节升起

# 期 待

期待寒流坠地
缤纷的肩膀
游离于火焰之上

二十四年的情感
以其土木结构
从左手到右手

可以想象金黄的麦地
拓开屏幕
谁敢说不
每个世纪都有人头入土

手掌的蓝空依次流淌
背后的太阳
红红的流派

# 覆 盖

日出日落
花落花开
捉迷藏的小孩停下来
呆望

为谁鼓掌
梧桐叶飘来飘去
梳过高山流水
隐藏沼泽的光

一个壮汉站在镜框里
老黄牛跟在他身后
你翘起大拇指
按住蓝太阳

# 秋 黄

秋天的一个黄昏
他拿起一把扫帚

大院内落叶如雾
不是为了民族歌舞

他们曾前仆后继
满怀喜悦

现在墙外小贩吆喝
他的头顶云朵一片片

肩头一片昏黄落日
盖住了一切英雄本色

## 最后的班车

寒风吹来
你感觉这是你
遥远的边疆
公共车站依偎在夜色里
人们分作几群
各守一方

你一人站在那里
等待最后一班车
等那永恒的笑容和光亮
路上的行人
来的来去的去
就像你不知道自己
来自何方

最后的班车
款款而来
车站在夜色里
早已空空荡荡

# 大路朝天

笑语朝天
窗格梳洗风花雪月
如今谁是谁非
车过人境
前有陈年老酒
后有瘦长脚步

无非是寒流撞钟
加深夜色深度
青梅煮酒
苍海横流
史前史后
人来人往
刀光映红脸庞

大路朝天
他们在高原上唱
喝酒喝酒
有把铁锹跟在身后

# 鸟 瞰

在文字的上面
今夜行人趔趄
消失于一爿爿沿街餐馆

我就此种下闪耀文字
古风飘香
众人迤逦而行至今

为了大地的福分
袅娜的闪光残书
款款飘上重重碑文

我至此鸟瞰大地
翩跹的中华文字
穿越阑珊灯火

# 红　水

列车来回晃荡
车站被落日洗劫
一部分旅客卡住前进的钟表
他们中的另一部分开始独吻
红水归来的声响

残阳裹在身上
红水早已汩汩流过你的左手
你的右手燃起烟斗
如举枪的士兵
在边境张望

红水漫衍
此刻站台越来越美
红水呜咽
这是你对世界的无限酷爱

# 透过门缝

透过门缝
我看见贫血的太阳
静静滋养初冬的寒气

沸腾的行人脸色红润
浩浩荡荡的钢琴上
升起蜜月风景

我的庭院有大路环绕
美梦散发　相逢一笑

# 夏末

夏末的空气中
透出一支萨克斯管
它的音质残疾

一幢幢的巨著
如大厦内的灯火
扶摇而上

含辛茹苦的母亲
在辞典上翻山越岭
林立的巨著因此流远

这是夏末的晚间
寡淡的刊物纵情飞越

# 离家的路上

离家的路上
夜色沉寂
窗帘的破洞里
牧女跳跃

来来往往的人群
背着苍凉的麻袋
寻找炽热的地方
过夜

在一个通明的大厅
他们沉溺
并有裙裾环绕
投影于橱窗

在真理的拐角
一群青鸟流向迷宫
灌木丛的外面是
一只沉默的羊羔

# 内　涵

窗帘的夜色里
邮筒站立

他们在砖瓦里购物
麻雀四起

咖啡馆外
挂满了飘飞的旌旗

仿佛种子开花
萦绕江帆

路程很远
他们互相道了声晚安

# 雨 后

雨后
我是一只候鸟
在无人找到的地方寻找

在辽阔的天空下
屋门敞开
我寻找过的地方
胀大的火团落满屋顶

雨后
一切总是无从下手
我寻找的时候
你站在我的身后

# 化身金黄

在晨曦撒落的时刻
你化身金黄
天涯的烈火
来自人群交错的电网

在钟壳里高歌
莫名的锁链因此闪现
众人的脚步连绵如雨
并随路径荡漾

天上飞过流星
地下布满亡灵
风尘中的人群无处藏身

# 白　光

尘世间一阵白光
你啃着面包
在钟里过夜

钟里的火山
喷出浆果
掩过众人的洞穴

在一阵白光里
洒落的星雨
闪过三十三夜

洞穴之上
头顶的建筑吞没鼓浪
红尘壮阔　波澜起伏

# 消　融

冰消雪融
刊物中
空留家庭遗迹

光耀横空
在物价快速上涨的时代
他们相互呵护

门栓启动
走过冬天的笑颜
美若天仙

# 底　座

珠光里的模特
进入果香
我们握手言别
这个角落开始冷场

计量是寒冷中的一种
便笺上的疑云
逗留于砝码
如一道醉人锁链

世上容易的是搬迁
难言的是离别
我收拾好的道具
覆盖大地

# 忧伤的初冬

忧伤的初冬
皇帝起草了一份碧水
水中的西子
卖身为奴

总在戏剧的空架上
缀满苦情
你看见雨后的大师
写着续篇

在初冬的丝路两旁
你就地打开信件
因而大师的续篇
喷薄而出

里面弥漫的是
皇帝的忧伤

# 麦地

月亮挂在空中
传说很久以前
月光是人的帐房
月亮落下来的时候
人们总在麦地里
双手掩面
没有声响

收割这一天
月亮高高地升起
成熟的麦海在月光下
一浪高一浪
他们把着镰刀的手
在风中飘荡

月亮上升
许多人举目无亲
月亮上升
他们和麦地相依为命

# 反 影

栖息在十二月的机械
来自城市中央

一名大慈大悲的施主
游荡在自由边沿

百叶窗渗入反影
拒绝冷血的法则

沿着火把蹒跚的反影
角逐出世上壮丽的诗篇

# 归 途

如果月下的花丛
与我相觑而过

香气四溢的圆月
就悄悄流泻于
大厅上缀着的红果

这是昨晚的归途
蝎子的尾巴
在公寓的天幕上断裂

独自走过石桥
我惊诧于身上的羽毛

# 丛 林

你记得幼时
寻觅过的丛林
光芒四射

在牺牲情感的时代
你看见
夏日的生物
穿过优越的土地

你始终找寻不到
通向外界的路口
只有在满目的光里
倾听丛林的源头

丛林中
你寻找过的方向
已经迷失

# 失声的院落

失声的院落里
一群麻雀
啄食梅雨

雨靴左右冲突
陆地的界线
隐现于强力的海滩

残破的院落里
小孩独享
布满残渣的海韵

海风的翅膀
拍击人群的圈层
掠过院落中央

在凝固的建筑之上
奶奶拿起火根
拨开气候

失声的院落
忽然哨音四起
如一种聚落的主体

# 山 茶

山茶缤纷
冒汽的水壶
流溢在鼓乐声里

雪花拂动
晚归的父亲
眺望远冬的齿轮

这旅程漫长
隔山断水
如黑土上的流萤

几经寒暑
有人在火炉边品茗
并且善始善终

# 诱　饵

翻开相册
无数货物在战火中
骚动

撕开窒息的旅途
宽敞的稿纸
升起于民间

战役深重　闭门苦读
热烈的手掌
来回翻动

帷幕后的盔甲
泰然自若
众人在佛的掌心安度

# 春 祭

暮春的肩膀上
飘满腥红的花雨
残阳似血
悲壮的静火
焚烧昨日的传说

星星点点
是一种归的启示
炽热的情歌
传入季节之门
感觉很冷

所有的寂寞
从路口远离
世上有什么可以永恒
除了道路
在现在所有的道路
都在尽情地舞蹈

樱花之树
在两旁守望
毫无表情
抑或不动声色
它们只知在累累的枝头
溢出伤口
和无所不在的花雨

# 相　逢

随着烧红的群鸟
种入发炎的心田
无畏的剧本
踏浪而来
穿越爱情火舌

从现在开始
你栽下最后的红花
缤纷的票据
滴水入黄
封住众人的话语

他们狭路相逢
在台阶上唱
并且手无工具
他们的肩头
因此落满群鸟的迷雾

# 窗帘启动的时刻

窗帘启动的时刻
油灯下的晚餐
百花明媚

创造殖民地的巧匠们
暗含人生的突变
桨击的遗产嵌于血红的角落

今夜窗帘脱落
青铜兵器　波澜壮阔

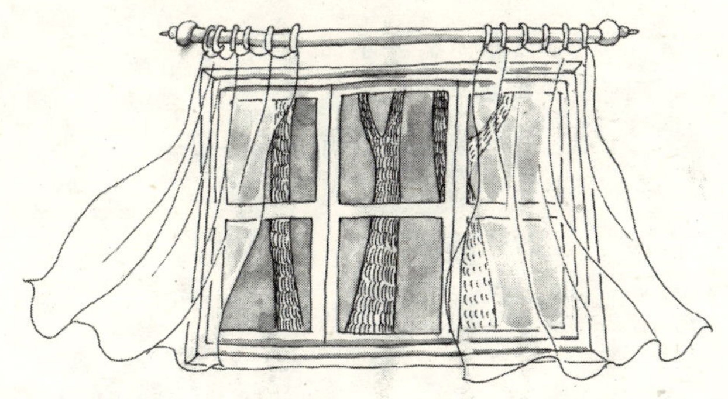

# 信 使

一个信使在口袋里
咀嚼药物
你的鞋子里
满是血浆
于是彻红的火焰
燃红了你的少年时代

口哨躲在人群背后
招摇过市
蓬松的头发
打发着青春岁月

世界不需要承诺
笑颜早已封冻
潜入梦境的仅有的芳醇呵
你不知道该用怎样的心
为之跳动

# 痕 迹

一群大鸟
飞过刀刃的痕迹
进入太阳中央

尘世间车水马龙
花环的个体
随之纷扬

千万张面具
如调和归途的沙拉
依次拂过联姻的骨架

有人头顶皇冠
大鸟飞过辉煌痕迹
向往花期

# 大雁横飞

大雁横飞
我们酒碗中的箴言
因此通电

漫天星斗里
头戴菊花的牧师
在此驻足

在濒死的棋局外
我们借助菊香
直达麻木的记号

西风吹满楼时
满地的菊香
堆砌于刀光之上

大雁横飞
我们在孤岛中
幸福成长

# 绿色心空

在长满欲望的绿色心空
这个为你存在的季节
敞开黑瞳孔
跳动的灵魂
在温馨的倒影中映红

季节如椅子般宁静
又如玉洁的肖像充满诱惑
什么都已不见
抑或什么都望不到边际

多年的跋涉
是一辆四轮马车
在风口逡巡
挡不住涌动的潮汐
显示世界的本原

该拥有的及时拥有
悸动之后复归原样

# 深藏不露

在暮秋的裂口
你总是
深藏不露

乐园里的众生
悄悄蒸发
各自的心思

你背靠边角
在厚厚的巨著中
打钟过夜

只要心存钟爱
手中的纸牌
必然是不断变幻

忧惧是一种伤害
众人因而磨损
各自的名字

忧惧也是一种柔美
你向着灵感的玫瑰
不断追随

# 倾　斜

那些绿锈的兵器摆满河谷
我正坐着烤火

必定是寒流入侵
一棵古柏的眼神和一个种族

天空中无与伦比的翅膀
纷飞无数　穿越时光

有把铁钎就可以探测篝火的深度
然后与我截然分开

# 灰　猫

整整一天的喧嚣
在黄昏的雨中
熄灭

一只灰猫
穿越潮湿空间
跃上灰色屋顶
悄无声息

黄昏如网
视线渐圆
灰猫重新回到墙角
坐姿对准苍茫雨夜

夜色渐渐渗入瞳孔
警觉的灰猫
静静地把整个世界
聆听

# 编　织

炼金术士
在雨中
高吟低唱

果香里的机械
来自绷紧的哲学
及其生存方式

你正忙于编织
我一眼看见你
蜡黄的脸

火中的烙印
总是与火焰
保持距离

我想象中的金子
在火中流动

# 雨　中

翻滚的构思
来自职业的波涛
偶尔你也会
枝叶繁茂

模仿各种姿势
你拼命淬火
火星四射
他们的笑脸上
布满疤痕

# 下雪的日子

下雪的日子
喧嚣或寂寞的旅馆
逗留于黑匣的钟声

雪花如笛声飞舞
祖先用过的语言
今日嵌入锁眼

于土壤的表层
配音的白色地毯
来回闪烁

雷霆之上的名胜
有烟火守望
静默时分无人插话

雪花一年一度
雪中的矿藏
搁浅于古城的巨浪

# 琴　音

秋又萧瑟
冷风自琴键升起
有一名猎手自九月丛中归来
斗篷遮住残破的风雨

落英潺潺
直指十月的深处
十月呵十月
断弦的弯弓泪不可抑

琴音盖过忧伤的窗棂
临窗而坐
窗台上夺目的红果
宛若十月外的喧嚣
挡住世纪的耳语

隐居十月
美丽的小鹿在十月之外
楚立

# 回旋

环绕木匠的柴禾
燃红家中陈汤

眍巴的辞章
赴宴于青苔的旧居

壁上丹唇流转
壁下甘醇四溢

医院的发丝出门探视
大千世界斑斓伏起

坐看万物回旋
倾听漂流人寰

# 冬　雨

众人的喉管
溅满冬雨
冰凉中透出恐慌
如有序的器具
汇集于无序的洞房

寒冷的号角
在雨中航行
渡轮的褶痕
在沥沥青光里
复苏旧伤

岁月严霜的演变
淹没膝盖的盐
冬雨降落
探火的先驱
绷裂于兵器之上

雨具斟满
集镇的轮廓
在这东方国度
流淌于航程的人群
一次次交错

现在冬雨降临
洗涤众生
通红的倒影

# 南方的树

南方的树
生在北方长在十月
照彻夜空的星辰

树总以恬静的方式
掀起季节的温馨
此时，你是被劫的狼星

高处的独白
没有顾及根基
惟有起伏的呼吸渗入影集

南方的树
长在北方的十月
风韵俱佳　美妙非凡

没有树的河滩
这夜夜浓缩的情愫
苦痛鳄鱼的眼睛

# 轮 廓

我们审视壮观的轮廓
因而剧场的红尘
到处飞扬

女神在金光中梳洗
鲜花般美丽的天敌
如潮涌动

夜波中渗出幽香
一种神秘
随之在城市上空笼罩

盈满的穗实
摇步独舞
折磨战士悠久的美德

旧尘如歌
循环事变
我们在剧中接受考验

# 夏日缝隙

夏日缝隙中的一场降雨
如痴情人远离梦境

这样就可以安坐窗下
数看陈年药物逐渐淘汰

现实离主题越来越远
里里外外尽善尽美

而有人却独自欣赏镜框中
上世纪末异域的孤岛

很明显这三个火把的光亮
穿越于生活的价值之上

今夏的缝隙里
只有空屋内的砂锅呼呼冒气

# 十 月

你相信十月深处
有一种赤诚的生命之火
在不停地脉动

十月，人们的目光都
高远地飘动
走出屋子
外面的天空蓝得不敢想象

在陌生的人群中独自行走
不变的脸容
以一种嘶哑的方式
追寻着梅的行踪

季节是一条河
流遍心空的每一个角落
使人充满豪情
充满楚痛

十月，至高无上的十月
你始终寻不到往日岁月中
飞扬的梅的天空

这个时候
有一种声音指引你

深入十月内部
以离开自身的方式
进入生活

豁然之间
你发现十月深处
涌动着无所不在的
真实歌咏

# 陋　室

盯住世间持久的劳作
迎面的容颜
照亮久酿的策略

风雨喧嚣
无与伦比的塞外风景
涌进众人的街道

每一种语言离开自身
弱小的精灵
相继来到

燕尾在旋转中更新
如城市的枝节
纠缠你忧郁眼神

我坚信异彩的神
以苦痛保证快乐
并且畅通无阻

陋室是职业之外的职业
今生今世充分显现

# 传票

端坐阶梯教室
看窗外雨点
有人在树丛中寻找

世间的刊物各就各位
夜色中繁星笼罩
先驱者的背影

蝉鸣阵阵
改变原先的安排
只能是一种徒劳

野味的夜色溢出好味道
此刻我在最后的角落
眺望五十年前的英雄火焰

# 回到冬季

在红色晨雾中
举起风化的手臂召唤
远去的岁月
正被跳动的落叶淹没
那时你一心想把歌声放牧

你对冬天的酷爱
是因为你生来就没有眼泪
冬天来了
冷风在瑟瑟星空脱颖
并且呼之欲出

回到冬季
歌声在无人的地方
奔腾奔腾
然后显出原野的另一种沉默

# 衡量

你总是害怕勘探细雨
香水迷漫旅程的半影区域

冲击的时候任其冲击
伫立的地点依旧伫立

遭此苦难的恺撒大帝
说你相当外行

今生今世你埋伏于此
遥望随风颠簸的洗礼

# 七月的都市

七月喧嚣的都市
蝉声普遍上升
众人在陷阱中昏睡

闪烁的数据
显示晚间火焰
车流在钟里埋头潜行

月光搁浅
暗调的天空中
闪出游蛇的光耀

从背风处的裂口
俯瞰当今社会
到处是雄辩脚步

七月的人从不忧伤
我在自己的辖区内
种下如此避难的文字

# 笑　颜

随风飘入吉它深处
笑颜最红
在永恒的光里
生命倒流

歌声是灿烂的作物
山的背面是荒原
天空的正面是你的双眼

打开日记
梦中的私语
远如松涛
近似海潮

最后一个字滴于诗的角落
想起那一瞬间
金色丛林里飞花连绵

# 蓝　图

夜风吹拂
叶子忽上忽下
如天堂里飞舞的五线谱

一种声音弥漫
来自异国的气氛
威胁水面

窗户关闭
有人回味历史的流程
一代代人告别爱情

在不同的角度里
翻开圣经
坐立不安的人开始冷静

序幕拉开
于是我们起身撤离

# 漩 涡

一只飞蛾
扑进黑夜的漩涡

我确信蒸发的墨水
盛有纷飞的壮举

他们支起拍摄机架
窥视大潮中的国情

众人的脚步
我们的下巴

水床下尽管是清醒的脚灯
但是他们并不担心

在我独自绘制的时候
这只蛾子飞入众人的背部

# 漂流入境

寂寞如水
你从沉静中进入透明
有风起时
萍从中漂流而过
于是有鱼跃水

岸边果实累累
周转的日子逐渐陡峭
目光愈来愈亮
风景越来越美

萍正漂流入境
你已一往情深

# 过　客

跳动的过客
水落石出如花开放

来自边疆的雪花
飞舞在酒杯之上

星空浩瀚　古往今来
神秘的花脸零点登场

十二月的最后一天
过客身后一片跳动的火焰

# 存　在

月亮下的作物
在碎石的静脉中涌动

往事依稀
充满内聚力的滤器
滤失人间真情

未被察觉的寒鸦
在冬季无忧虑的树枝上
独自躲藏

他们初来乍到
在房间的各个角落
寻找少年时代的心路历程

在阳光浸红的薄纱织物中
一块神秘的舰板
隐约显现

# 行在水上

他们都走了
屋里只留你一人
打开昔日的相册
梦回心的故乡

行在水上
想起幼年的童谣与水乡
以及梅雨中临窗托起的腮帮

日复一日　年复一年
直到今天你才懂得
泪在水中比水更凉
泪在河床便是河的故乡

离开自身
才发现自身的存在
进入泪水中央
才能忘掉一世忧伤

欢笑的时候天就晴朗
世上所有的温暖
便会行在水上

行在水上
你的笑如风如雾
每一个日子里都会看见
人群行走在太阳的两旁

# 天 堂

响起天堂的音乐
刊物的上空开始下雪

古往今来的上层建筑
来自讲坛内部的草原

繁华街心的摇滚歌手
在车流的编号中迷失

屋檐下的瓶瓶罐罐
盛装民族曲折的进化

来来往往的信徒
踱步静听钟楼的音乐

# 流浪中的舞蹈

世纪之初
一群饿汉打开洞穴

无尽的荒野中
饿狼痛失一颗门牙

孩子们的跑笑阵阵浮现
在这月亮升起的时刻

由此诗人随手触摸到
老式汽车的颠簸

日复一日卧床研读
金色海龟徐徐上升

太阳下众人变换各自的颜色
他们期待天堂的心跳

大雁飞过成熟的麦地
窗户开启　歌舞升平

# 莫名节拍

在莫名节拍的庇护下
你面对我不再说什么

在隙落的空气中
黄叶片片掩映生活日程

日子潦草　龙飞凤舞
十二月的歌剧埋护钟鼓

这是有生以来的传闻
思绪的薄片长势旺盛

你和我一样独自排演
枯红之光照耀依稀的涡旋

# 冬日故居

冬日的故居
挡住喧哗
众人睡意纯美

眼前的民众
藏有面具
如雨驰骋

荆棘丛生
一群雕像酷爱
沉寂的舞蹈音节

格言不朽
闭塞的洞穴之上
天鹅翩翩

大路朝天
无数讲坛因而
淹没了原野

# 生 日

天色阴沉无雨
意识在无知觉中流向对面
一室之内弥漫的痛楚
渗过最后通牒的恋曲

每一次生日总是独处
总是敲打世上突兀的东西
白天收集过的气体
构成夜中的商业中心

有生的日子
无需整理夜幕边沿的舞步
无人庆祝的时刻
夏夜的都市方案齐集

今夜的天空
落下二十五年前的物体
因而我们跟随众人撤离

# 断 面

一件风衣斜挂你的窗口
窗下的阳台不动声色
此刻你梦中的岁月
覆盖了阳光少年

今天天气真好
到处阳光普照
有太阳的时候你就不用担心
阳光的外部会不会是雨水季节
阳光下有你的战车
阳光战车比阳光走得更远

临窗而坐的斑驳老者
一个人独自摆开棋谱
寻找未料的残局
一只盛满咖啡的杯子
忠实地守在旁边

你打把黑伞走过
你的脚步没有停留
你猜不透他眼中的液体
为什么停留许久

这是阳光所到的时刻
阳光到过的昔日岁月

有一种声音撕痛了你
少年时的满眼风光和海水

那个阳光到过的地方
你说声抱歉
尽管窗台在海水与蓝天的交界
你也没有丝毫改变

# 周　末

周末的标志无可换回
随便翻起
杂志封面的美丽

佳人注视
藐视秩序
我坚信现实的态度

红霞依旧满天
夕阳稳坐坐标的零点
众人活在世上高兴过度

有人取出安眠药物
在无边的调频音乐中
倾听柔情轻诉

在周末只要不忘却忧伤
就永远不会独自冻僵

# 超　市

堆满鲜花的超市大厅
犹如一种旋转的情节
在反光中漫游

一线阳光里
变幻的脸容
业已繁华

因此欢乐的皱纹
在喧闹的超市里
声名大震

如壁炉中的火
人群的纽带逐渐松动
然后埋没于隙缝

# 沉默如网

冬夜的月光
停滞于充满职责的刊物上

帷幕流过窗户
抑制住纷飞的思绪

醉卧东窗
忽觉身后有烟尘袅袅

路上充满了希冀的纸片
势力遍及昨夜痕迹

沉默如网
网住昨夜读过的菩提之花

# 黄土地

唢呐声声
撕开了千古绵绵的序幕
撕开黄土地撕开高粱地
撕开了一个遥远的世纪

黄土地上
长着一群人
一群男女老老少少
他们目光枯槁

高粱地里
有一首嘶哑的歌
唱出了生生世世
欢欢笑笑

黄土地上
有深深的窑洞
枯枯的老井
以及满是尘埃的原野
晾晒着神圣的单调

黄土地上的人们
祖祖辈辈喝着高粱酒
因而没有忧愁
也没有悲伤

因为他们知道
浓浓密密的高粱地里
高粱已越长越红
越长越高

# 夜色沉积

夜色中飞机起落
机场渗出的香波
充满诱惑

白色的峰峦于水中显现
无师自通
于火中你练就了好手艺

穿裙子的云掠过草坪
在流畅的生活中
人们逃避对手

夜色沉没
对岸张开的断牙裂齿
卡住了鼓起的衣物

在美丽的夜色中
你拥有了这真切的果实

# 蓝　光

和雨后的天空一样
我们爱好思考喜欢躲藏

杨花飘絮垂直落于大野中央
陌生的人群随身冲洗都市的大纲

竖起拇指就竖起一支火焰
我们沿着务实的政策拾级而上

在风口收复红酒般的日子
阴影上粘满了怪异的物件腥味

这时我们看到无数魔女的肩膀
在生锈的镜前发出蓝光

# 闪 烁

从来
都在不规则的曲线上
不规则地行走
不像几乎所有的残门
从外到里

生来突兀的嶙峋
过不惯这种标准的姿态
不是总有一些高傲的树木
以一种苍劲的动作
痛快地伸向四季吗

喜欢风
也就是喜欢风的闪烁
在高崖的尽头
粗犷地呼啸

# 候 鸟

悲愤的候鸟
飞进烟火缭绕

他在焦虑中
怜惜人间的武装

候鸟飞过的阁楼
歌舞升平

在燃红的隧道中
他洞察气候

# 气 候

淋湿的难友
钻进沉重的气候
幽魂复苏
相映于木桨

汉唐的暖房
裹住独特的思想
感人肺腑的今夜
无人细语

气候笼罩
言语独立于岸边
在灯火的飘行中
运河上的人抬头望月

桨声中的灯影里
走过喧闹的船丁
他们翘首以盼
汉唐风韵

渔歌唱晚
风中闪过抒情之手

# 回望乡村

看见故乡大片大片郁郁葱葱的手势
和乡民朴素的目光与草鞋
一行行打满补丁的足印深入田梗
如世世代代的岩石与火

那些粗大的手掌在烈日或风雨中绽开
以一种博大的善良与憨厚
生命般深切地抚爱大地

回望乡村
回望清苦而又温馨的岁月
以及十多年以前雨中小小的屋檐
燕子与烟雨擦肩而过
留下镂伤的记忆

整整一部分童年属于乡村呵
属于翻来覆去
被咀嚼过的青草般的日子
风蚀的石磨
在这无尽的岁月里缓缓前行
如肃穆而又不屈的炊烟
宁静、沉重而又充满夕阳的光芒

古铜色的庄稼汉不善言语

他们总在落日的旁边静静燃起烟斗
燃起一种朴实而又宽容的微笑
荡漾在这生生不息的乡村

回望乡村
听见木桶在石井中痛饮的声音
如一首茁壮的歌谣
在虔诚而又真实的土地上
种满希望

# 命 题

难测的命题
如散发的霓虹灯
熟悉大街的演变

沙哑的才子
独上青楼
骑行于零件之上

这是他们追随的典范
于大风浪处
从容抛锚

闹市逐步瓦解
庞大的巨著之内
众神在操练

# 亚细亚的高原

亚细亚的高原
自古布满血红落日
他们在落辉中
看着脚下的粮食

马蹄的鼓点
密集成纹
在封闭中隐含透明
于忧伤里包容甜美

他们扭转脖子
拒绝实感
膨胀在太阳栅栏内的歌声
充斥众人的血管

高原的热气
是一种富在激情的磁性
亚细亚的智慧
是提炼浩瀚之气的神

现在他们相逢于高原
顶空有雷电飞越

# 夜 班

上夜班的时候
在闪烁的仪器中
我思念楚国

屋顶折叠过来
炎热的躯体
在山脉悄悄度过

忽闻万炮齐鸣
遭劫的营地舒展躯壳
使人彻夜难眠

今夜一人在此值班
我并不惧怕

# 小　屋

每次
跨出小屋破损的门槛
远足
你就要
抓起一把故乡的炊烟
使劲地往身上
涂呀涂

在远方
不管是如何深沉的夜
只要抬头
总能看见你故乡的小屋
如一堆闪烁的篝火
把你黝黑黝黑的皮肤
熏得通红通红

# 沐浴火海

沐浴火海
你手拿红玫瑰
微笑叩开房门

幸福的星群
沉陷于屋顶
浮出彩色贝壳

谷粒融化
萦绕于海岸的谣曲
悲伤中显出壮美

今夜分外灿烂
从此你不再担忧
沙哑的歌喉

# 离 别

离别的鸣叫
敲打铁路沿线的柜台
苍生摇晃于镜中
映红幽灵般的海贝

他们就此猎取
人群中的珍珠
偶有花红显露
悄悄入侵神的庇护

背负行囊的你
出卖一脸凄楚
少年时代的满眼峥嵘
如今是落叶时节的松

我们应该就此搬家
蒙难的污点逐一融化

# 措辞流连

措辞流连于隆冬
绽开的餐具
在此等候

遮天的晦涩树冠
错过铜镜
错过神的足迹

这初春的折光
在花蕾的瘟疫中
缓缓穿行

凛风里的飞鸟
掠过边疆的清泉
音信全无

## 走过冬季

总要在冬天独自行走
你的目光保持一种坐姿

雪花片片如席
言语如冰冻的水蛇
看看染红的雪花
和自己的血脉交错的景致
想想残阳如血苍山如海

走过冬季
走过自己密封的一面
然后打开火焰
打开染红世界的阳光
和雪的声响
并且染红了
无边无际中升起的千万臂膀

# 庄 园

刺骨的楼阁
继承了冬日的凝练

于海绵的疼痛中
书声朗朗　全文播放

漆黑中的一股体香
在雷击后珍藏

他们俯视庄园
窗台上的玫瑰面目全非

漫步闲庭看东风
史册血光随之葬送

# 梦幻主题

候鸟飞时
海盗吐着火舌
他们的子孙在此张望

放下武器的言辞
如虚幻的泳装
倒影在瀑布中央

覆盖海藻的梦幻主题
与雪消融
彼此青睐喧嚷的辞章

相逢也许是一种固守
炕头酒席上他们一醉方休

# 梅雨季节

梅雨季节
你临窗而坐
窗口对准梅雨深处
雨点打在窗玻璃上
只要你仔细聆听
就有一股梅雨的涩味
穿过田野上淡漠的飘风
越窗而来
这使你想起一种气氛
很久以前渴望的一种气氛

你双手合拢
轻搂这一片雨声
就有一种安全感
依偎在你脆弱的部分
使你每一根敏感的神经
都可以头枕
这一片冰凉的朦胧
放心躺下

这样自然就会忘却
前几天烈日是如何的残忍
自然就会忘却
现在是毫无血色的夏季

趁这漫长的宁静
你悄然打开自你
从另一个角度
欣赏旧日的自己
在雨中
是怎样痛饮这冰凉的雨声

而窗外纯朴的雨点
始终打在秧苗的绿帽上
你的视线忽然穿透季节
看见秋后
被风摇响的一片金黄

# 窗外的麦芽

窗外的麦芽冒雨生长
连同残光一束束晃荡

仿佛在天平上
农夫赶着马车一路吆喝

务实的态度年复一年
我们的祖先自饮自酿

随波浮起金属的美丽
太平盛世　相安无事

# 闪 现

你在透明的浆果中
倾听嘈杂的琴音
坐于睡莲的歌手
迷醉在来客间
窗外掠过一阵眩晕

渔火拂动时
初生的铁片边缘
滑动一道光亮
相逢于福音
众人清查红尘的序列

这是歌舞升平的美好岁月
天空中到处有智慧闪现

# 冥 想

冥想在塞外的土
英雄的母亲走在归途

定论与养分是一对连婴
进入伤痕起源的进程

边界的火花互相追逐
闪烁的理念笼罩国度

冥想在塞外的土
艳遇的风沙擦破面部

纯正的巨著矗立于悬崖
如一幅汲取雨中活力的油画

商贩在规则里欢叫
车水马龙的塞外一片通红

冥想中埋藏起往日之珠
英雄的母亲走在归途

## 那年你十九岁

迷人的帚把扫过瓦砾
有人在八仙桌上独弈
此刻你倚靠寂寞的边缘
燃起的情愫
飘过阶梯房间
噢，那年你十九岁

秃头的剧本在大街上行走
口哨擦入衣兜
晃来晃去
一双破旧的拖鞋敲打传说
噢，那年你十九岁

呼啸的列车载着热泪驶向北方
劳累的母亲在灯下
缝补旅程
你在飞驰的窗下托起腮帮
这是十九岁的最后一天

# 剧 场

在花雨中
有人遥想剧场
花落花开
众人的手掌间
布满熔岩

埋葬落花的时刻
一只只酒杯
光芒四射
你仍向往
花中的巨草
众人早已抛锚

于大厅之外的广场
落花纷飞
你站在广场
以及喧闹的中央
惦念盛大的酒宴

# 涟 漪

你走入玫瑰香波
一行熟悉的字迹
就像春雨撞开花朵

由哀伤谱写旅程
血族中的烈鸟
在风口吞吐潮汐

笑脸涂在意外之间
记载于贝壳上的文字
释放神迹

在风的边缘
他们可以把握斜坡
以及天国的营火

血族中守候的一群
为了拯救万物
翩翩起舞

打开花瓣的涟漪
众人的目光
尘世的倒影

# 春之变奏

整个冬季
你一直住在屋里
墙壁与门窗
滤去了雪色风景

一个季节刚刚过去的那个日子
某种潜在的声响
把你惊醒
窗望去，山川
正一层层把冬色剥去
扑面，三月风吹来
把你从头到脚
涂上了另一种颜色

眼前一片片惠特曼的草叶集
在这正开始冒着清翠的季节
稀疏飞舞
绿色的旋律
从春的每一个角落
从钢琴的脆键上
敲出

高低远近的世界
随着春的节拍

逐渐发育
所有的曲线
透着纯洁的裸露
破土生长
太美丽了
你感到悸动

蓦回首
众人跑上山巅
报之以春之灿烂
欢呼

# 在象征的手掌间

在象征的手掌间
画家手拿红玫
度日如年

忽然感觉
初冬的风口
钟声如裸露的椎骨

阳光普照
恋曲流遍天空
直到变成天边的残红

在旅馆中独自举杯
风口的手掌
如靠近战场的锣鼓

# 插 曲

钟下水珠如雨
森林周围遍布
欢腾的手鼓

洒向桃源的插曲
释放芬芳

今夜胶片偏移
往日的情感
如迷途的小鹿

今夜影片中
响起往事插曲
我们的头顶
飞过绯红云絮

谢天谢地
依稀中的布鞋
装满谷物

# 圣　诞

夜空缓缓流过
烤亮熙攘人群的炉火

神话通风
节日气氛穿过神的滤器
在弧光中虱子跳跃
迷路的警察互相碰撞

你说要在此定居
行人在街上拎着糕点
形色匆匆
潜伏的面颊渗入酒肆

赤脚大仙从外面归来
难友们在雪地寻找
圣诞的烟火盖往墓穴
欢腾的小镇时明时灭

## 回　乡

熟悉的城堡
忽然陌生
十月，质朴的十月
你又回到乡村

风风雨雨
乡村小道上的砖块
已经很残很破
但它们是真的英雄

每个早晨每个黄昏
父亲总在乡村小道上
扛起一把铁锄
便扛起一轮庄严的太阳

在父亲默默耕种的时刻
时有来自十月之外的青鸟
在作物顶空盘旋或歌唱
你从不打扰这一切
你深谙其中的哲理

因为你相信
十月很韧的青藤
总是沿着太阳光束
拾级

# 掌灯时分

掌灯时分
刺绣下的夜景分外迷人

荡舟于词汇的经络
生命的渡口来自智慧

魔术的笔端粲然生辉
忙碌中我们偶然休憩

往事歌谣是无主题的词典
悬空的箱子在车站晃来晃去

坐在阳光下的台阶上
对手们达成一种默契

掌灯时分有人欢喜有人怨
流光里的笔尖就此搁浅

# 今 夜

今夜我坐在这里
一支笔网开一面
走廊上有人叫喊
这令人感动
或莫名其妙地感觉到
皇恩浩荡

我善待今生
从未偃旗息鼓
窗外的大厦
透出密密麻麻的光
如风中发掘出的甲骨文
令人欣喜若狂

下班的时候
感觉很好
可以避开跳动的火蛇
可以翻翻一切
我已不再挑剔
比如在北方
不再想念南方的茂密

今夜我安坐的小屋
如长满水晶的私人花园

# 寓 意

滑行于群像中的相貌
如火柴划亮

汽笛里的民歌
越过一座座桥梁

或者今夜逃亡
或者百发百中

汇合于城市的痛
总在商场里流通

这芬芳醉人的衣裳
举国观赏

火海中的露水
跳动于救兵之上

# 雪　浪

残冬
是一段长长的荒坡
雪浪沿坡度
盘旋而至

冬天
你又习惯性外出
独驾一叶萧风
在冰雪之舟上
放出冷目
垂钓

整整一生
注定是一条冰鱼
在严冬下的深水处
雪花般
飘飘摇摇

北风萧萧
萧你为一个雪人
总是在冬天
你静静注视
自己的一生
垂钓

# 归　来

从市场的繁荣中归来的跳蚤
行在太阳沉落的光芒之下
你在风口坐坐
凉爽的感觉
如墓穴的奇观

歌声闪烁
有另一种声音掠过阶梯
外面的时代扬起经济大潮
大漠风沙抵达电话另一端
好像众人在暗地里祈祷

倾听是世上最轻松的一种
跳蚤来临你无动于衷

# 红　鸟

红鸟唱晚
穿过黯淡的枝丫

从此在窄火里
我们常常梦见它的低唱

提灯的女神
哺育人间离合的波纹

云朵移过的尺度
拂过刀痕下的花丛

这是我们探寻过的地貌
以及吞噬景物的写照

# 你走在透亮的果心

你走在透亮的果心
雪中芭蕾因此盛开

寒气如晨光的犁
屋外的喧哗屋内的座椅

废墟里冒出脆响
悲歌一曲好时光

建筑材料露天伸展
这是众人火红的天堂

你走在透亮的果心
养花人为花殉情

# 边 镇

边镇的光芒四射
照耀升起的水妖

出生于视线的云朵
接收帐上的海藻

布道者在屋檐下
抠出喜剧

珠子散乱的地方
美名远扬

临终的幽暗
是人生雪亮的变种

你提及过的宫廷负债
因此一笔勾销

# 思　念

思念是一扇森门
忧郁地洞开

从早晨到黄昏
西沉的故事
从遮雨的屋檐
点滴而下

你一人坐于门口
痴望
这片干枯的土地
落满雨滴

在万山丛中
渐渐模糊的是背影
季节的河流
留给你的是一条无渡之岸

岸边
一个个跳动的热望
都会在风中
冷藏

郁色季节
思念是一扇门
空空地洞开

# 晚　会

在年终的晚会上
我们种植神曲

洪水四溢
如发芽的游戏

洗净的疆场
不再有血色残阳

只有云雀泛滥
穿梭于重重雾浪

皇历翻飞
越过飘飞的课题

晚会如升起的海马
神曲里一片喧哗

# 旅 程

一声啼哭
划破夜色背景
失去主题的铁骑
撞击石基
此时我从北方归来
说了声你好

今夜很美
一个戏团的丑角
在咖啡馆的角落里
独饮

# 夜色盛开

幸好盛开的夜色
在感觉深处
深谙戏剧

天空渐亮
少时的信念
淹没于阳光隧道

如今我们已习惯斗争
故里暖风
随星云上升

群鸟的轨迹中
挚爱的种族
转身于篝火外的悲情

无数次重温情网
红透的果实
洒落于大野中央

# 支 点

七月的都市
在刊物上
大面积种植

叙事的急件
像蝉一样
突破大厦的罗网

红彤彤地飞舞
是沉默中
初显峥嵘的幼儿

粮食是铅锤的重量
预言中的浴女
开始梳妆

因而过街的果蔬
连载于
现实之上

# 无月之夜

无月之夜
你又缩于墙的一角
风穿过门窗
照耀你
直到每一块烧伤的容颜
渗满冰凉的秋水

在这贫血的夜晚
没有月光
只有你一个
将头贴于墙角
用尽最后一滴秋水
酿出月色

这个时候
你想象月光如乳
想象朦胧的歌声
是一盏寂寞的灯
在你的荒地里
柔和地流动
一窗之外
你还能想出些什么

无月之夜
只有墙外温暖的风声
滴滴点点

# 镜 框

众神的舞蹈
青铜青绿水绿
中间是孩子们的疯跑

全体火鸟的饰物
免费搭乘
痴人的梦境

雨水润麦
垂泪的弟子倾听
内心缺席的独白

海盗们的后代
看见自由的国度
海报贴满

被爱情稀释了的溶液
如柔和之音
进入浪漫时代

# 追 溯

幸运的晨曲中
从容不迫的积木
坠落伤口

扑朔迷离的标本
跃上负伤的建筑
言语全失

钩子倒悬
应征入海的英雄鱼
坚持城堡的风格

这是战士的首要品质
在永恒的轨道上
建立真理的预言

# 五月的花朵

他们深深感谢
文化增殖的领域
这世上的队伍载歌载舞
相互理解　服从一切

哨兵的顶空
贵族吆喊一种画面
他们和巴黎之夜的丑角
手挽手越过胜利果实

深广的声音布满街道
人群是一种追溯的喷泉
太阳下的商品到处迷漫
毫不掩饰

五月的花朵
是隐埋其中的危险读物
现代的人　婆娑的树

# 秦 陵

二千年
是一个什么样的过程
你们面对面
各立
二千年
一边
仔细端详你们
一群莫名奇妙的神色
一群向你袭来的风姿

渐有
一股巨大的凝聚
扶摇而上
于周身团团围往
挡住了呼吸
——你们的对话艰难

似有悠长悠长的古钟
浑浑然敲飞泥土气息
倏地
击落你手中的枫叶
飘然成泥

为了似有所悟

尽管难以所悟
你依旧
久久伫立

# 冷 雨

冷雨敲窗
南方少年音信全无

千门万户
正互相探问

井栏旁
冷雨的流光盘旋

众神在暗淡灯光中
狂欢相聚

舞者在冷雨中摆动
白色的骨骼

冷雨敲窗
海面升起赞歌

# 花的潜流

站在花丛中
一股芬芳的潜流
于层层暮霭中
涨落

汹涌的潮水
开始翻卷
风流人物在花丛中
赞赏花蕊

曾是风和日丽时
窗外掠过侧影与笑颜
花中的蜂群
自由漫衍

花的潜流中
纵有高耸的灯搭
不停闪烁
谁也没有胜券在握

花中牧羊
看见潜流之源头
有花的牌坊

# 伤乐

沿着季节的倾角
黑发飘飘
飘来一串夕阳
融你为一湾泓水

季风只是一个驿客
无意吹开心门
并且一去不回
如出门的影子
游鱼般掠过碧蓝的水域

那些日子里
断弦的吉它上
传来一丝残音
刷洗黄昏

那些日子以后
总有子规的啼鸣
在你夜一样美丽的伤口处
怒放

# 睫　毛

睫毛寻索
跳动的石阶

窗户开启
泡沫的帆船跃上
渔火的窗纸

涛声流失
夜中的睫毛
跳离海的颜色

睫毛如云的时刻
夜中透出
疯狂的翅翼

睫毛跳动
灯火下的货摊
叫卖声一片片

窗户开启
跳动的睫毛
搜寻黑夜

# 守　夜

抚摸背影的药剂师
于弯曲的祭饼中守夜

馥郁的套间
布满无规则的游鱼

在巨著表层
他们嗅知迷惘的气派

边缘是人生幸福的一种
过道上刮起汉唐的风韵

因此小心翼翼独自索居
聆听一种夜的召唤

# 秋水

透视手掌间的秋水
水中的伊人
如飘飞的柔丝

鸟群高悬
盈满的芳香
回旋于据点之上

絮语弥留
屏息的流水
悄悄注入陈列室

秋水不灭
带齿的诗章
旧事难忘

# 静默时分

游离的七彩光里
朋友，你不说一句
你想到了什么
也许和你一样
想到舞台想到人生

有一把忠实的锁真好
锁住自己流浪多时的家园
感觉就是一种可靠
朋友，咫尺之内
众人的目光
是一首忧郁的歌谣
在天涯
如柳絮飘飘

你们静静凝望
有一种温馨抚平寂寞
言语在这个世界之外
只有音乐在你们身旁
来来去去
而你们却相守这段静谧

一生可以缺少言语
却不能缺乏默契

静默时分
缥缈的风景中
山有水的相依

# 祭　礼

钝化的热气
逐渐散发
祭中加冕的小皇帝
正在流放

后代饥寒的大师们
总在这神圣的时刻
亲吻众多弟子的珠泪
众人还以祝福

祭礼的裂缝里
敌军守将护送灵柩
回归故里

# 故　土

独自你又打开这把泥土
故乡的泥土

这把泥土忠实地伴你
四处漂泊
每个黎明都散发出芬芳
泥土的芬芳
是母亲慈祥的叮咛
一遍遍擦亮你的眼睛

夜晚
故土又面对你
伸出一只洁白的手臂
和你的手臂接在一起
风从一只手臂流向另一只手臂
就一种温馨
如归故里

秋又深了
你又一个人安坐窗下
凝望这把泥土
想起千里之外
故乡大片大片的土地
在阳光里行走

想起泥土敞开胸怀
呼吸着万丈光芒
绽放出旺盛的手势
想起风吹草低
垂老的庄稼汉
拄着汗水
在泥土里艰难地蹒跚

这个时候你知道
这把泥土早已和你
血脉相通
这把泥土把你和故乡
牢牢地系在了一起

# 逆流而上

逆流而上
你穿过边城的气窗

头戴面具的部落首领
斧子舞开花朵

热流上圣洁的晴空
有翩翩的烛火

伴随剧情的符咒
在寓言中埋葬

笑语雷动
寂寞的猎人阵阵眩晕

帷幕下降
悠扬的童谣逆流而上

# 寓所

夜中植物复活
他们的主人在反光里潜行

倾国倾城的美丽
建于寒冰之上

缔造时代垄沟的巨匠们
在黄金岁月里安眠

星空下的大厦
包裹破碎的枫花

已故高人的寓所
夜夜窥视人间阴暗的火种

# 感　觉

想越过一个空间
你就拉着感觉
一种欲坠山谷的感觉
一同上街走走

满街走来走去的都是热闹
你谁都不认识
你很想抓住点什么
每次伸出手去
抓回的总是秋天

## 流　响

我听见岁月的流响
诀别三年
长埋于胶卷中的乐器
兴衰交替

峡谷挡住东窗
今生注定到处搬迁
塔影掩盖的衬衣
空留火中芬芳

他们在饭馆相撞
然后各自拍着
落满灰尘的肩膀

# 环 流

星群萦绕于房檐
他在环流外
手持鲜花

逃遁的匈奴
曾如璀璨的群果
穿过摄影的烟火

环流笼罩酥胸
蜡烛齐明的水晶宫殿里
薄纱汹涌

他所向往的爱情环流
来自黄金黎明

# 十二月的草

十二月的草浮于掌中央
潜伏的幽灵一不小心
抠出游来游去的感伤

人在旅途
万千刀刃照耀朵朵盛开的笑脸
束束华光晃过走动的衣装

他们迷失于窗外
草的美貌是十二月的鞭子
白日的梦境中听见一阵抽动

十二月的草长在舞台
舞台的周围长满了青苔

# 繁星

从风和日丽的恋歌中
他独自读谱
有人在键盘上反扑

海神的女儿是海的火种
超越光芒之上的天敌
依次敲打故园窗棂
在夜色中民众赞美
一代代的悲剧著作

此刻他读完歌谱
夜色繁星分外闪烁

# 正　午

正午的果树
抖落钟表
导致阴影统治沉寂

在冤家的膝头
我们的良知
如一阵闪光星散隐匿

在喷泉的进程里
大众的外衣
拂过众生的慰藉

正午的果树
映入床榻的底蕴
然后栖止于它的阴影

# 一枝烛焰

一枝烛焰里
你昔日的面容
从峭壁上从容降落

大鹰雄飞在无遮的天空
热歌的浪花
镶嵌于日记的流纹

我们依旧在此相遇
隐藏的伤口
来不及丝毫躲避

今夜一枝烛焰里
我看见在梅花丛中
一片姹紫嫣红

# 黎明

黎明重叠起画展
泥塘流尽循环的鸟鸣

众人分外智慧
释放花的伤疤

郊外倾斜的黎明
焚烧于枫林的红颜

铜床千古
剧院外众人称颂尘土

镶板中最后的落辉
在剧院分娩

# 阳光地带

你的手是你的乡村
能痛切到来自阳光地带的声音

——题记

伸出手去
闪闪的白花缀满手的两边
和比这冬天更朴素的风
你触及到来自另一国度的声音

冬天一过你便走出屋子
进入阳光地带

你的脚是你的锄把
你用步履开拓疆域
你相信锄把和土地
是真正的伴侣
它们懂得怎样生活怎样劳作

昨天的太阳逝去
今天的太阳又在土地尽头
照样升起
在手的关怀下
作物日渐接近阳光

看着粗大的手掌

与成熟的作物紧紧相依
这是所有庄稼汉
充满泪水的时刻

世上惟有相依为命
这世界才分外美丽

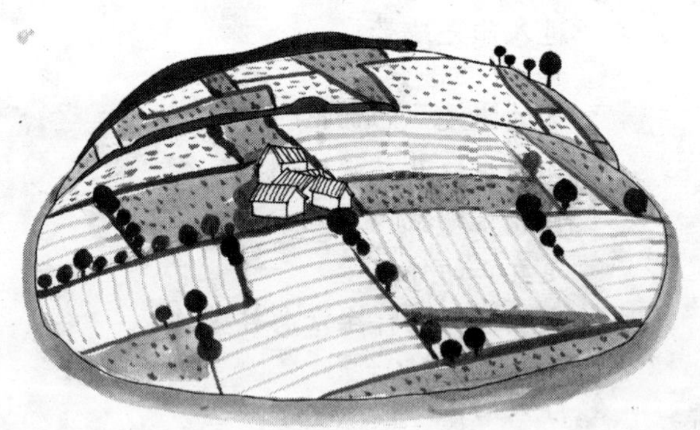

# 昨夜雪花

昨夜雪花
被一种欢欣鼓舞
混沌的旧日风情
因而掩过房门

旋圈游于房中
珠子碎裂
或者悸动的吊车
分外燥热

在陌生酒馆里
幻像飞舞
他们言及越冬的麦子
以及亡国的幽燕

雪花上升
至高无上的红果
如开满山脊的缰绳

# 背 影

走出斗室
无形的风暴席卷来去
此时你是一条宁静的走廊
你的每一个动作
都是那么安详

斗室的静谧
内含一种博大的气氛
斗士总是从一个斗室中走出
穿过漫漫风雨
走入另一个斗室

人总是面对面来到世界
而留给世界的只是背影
如果世上没有背影
那么背影将是世界本身

走出斗室
你的背影是墙的显示
你的背影是四起的楚歌

# 萧瑟夜曲

萧瑟的夜曲
紧相排列
如荒地里的麦种
携带一种悸动

众人收藏起
象形文字的残渣
渊中的水
如年关里敲动的钟

春回大地
悠扬的众人
在食物中打盹
恰似压缩的曲谱

夜曲上升
人海中惊恐的浮标
狐狸上方悬挂的葡萄

# 寒 光

打开窗户
迎面一阵寒光照亮
你戴着绷带
面有笑意

风景如归来的蚁群
不断涌入洞口
英雄的年华
折射于浩瀚的步骤

悬挂于教区的耳机
带来荒凉的渍液
冷风吹时你悄然吞下
沐浴昏黄的麦片

寒光降临
一只动人的寒鸦
在灌木的庇护下
守望升起的红烛

# 雪誓

一种苍伤
夹着北风和雪
走出屋子的是
头顶苍天的人

誓约
在突兀的铁拳里
握出了血液

黑色的铁具
在雪地的边缘
望天
像一个瘦瘦的少年

飘飘的残雪
飘不尽不屈的足迹
在雪地背后
执着地
敲击冬季的另一面

# 通向异国的幽香

莫测的花蕾
开在蹊径两旁

隐士在此喂养
畅销小说刚刚展开

今夜暖炉中
饰满闪烁的花红

信笺翻飞　藏有灵犀
铺天盖地的古人涉江而来

他们的头上挂满珠宝
他们的后人只懂采撷

客死艺术的醉红花朵
至此通向异国幽香

# 副 刊

空荡的舞蹈里
充斥华美的乐章
冰雪覆盖的读本
至今尚未署名

在暖炉一旁
独身老汉贩卖原稿
重围中会演完毕
至此荣归故里

众人舒展关节
潜伏于花流
芝麻开门
扑面的喧嚣势不可挡

讲演可以抒发其中的阵容
天边悬挂醉人的好梦

# 北走萧风

过分明亮
是南方沉重的缺憾
所以，要往北走
萧风，在黑暗的部分
到处传播空旷的萧风
飘渺成森

每一次手脚彻底的冰凉
都是一次生的感受
唯一渴望的是
在最后一阵风中
雕塑起
一株高峻的凛冽

# 比早春更远的是草原

比早春更远的是草原
在大趋势下
最易凝聚的是谎言

漩涡覆盖的话语
如拯救节日的现场主持
仪表堂堂　顾全大局

今日旅店提供歌谣
阳光亲临草原
旗帜上布满积雪

我少时曾收集过的节日
至此布满鲜黄物质

## 栅栏

路边餐馆
有两人对饮
传说很久以前
萍在水的中央

夜空下的焰火
以及都市的环城公路
充满诱惑

老伍从门缝中
挤出长长的脸
外面的风好凉

# 江南酒楼

江南的酒楼
是今日雇主的住所
一株叩门的植物
在英雄的脚步里
向往光亮

红光里有潮汐涌动
来自江南的才子
独上酒楼
在他们燃尽泪水的时刻
红光中的才子进入不朽

流动于建筑之上的江南
坠入情网
消失于酒楼的才子
一片红光

# 间 隙

鲜花雷动的时刻
你在巨幅笑语中
睡觉

为了民众的解放
巨人居住过的城堡
尚未痊愈

在无人知晓的间隙
你无限深处的宽恕
发自隐居处所

星光下
万丈白布
烙上了咆哮的星夜

从瞬间
你猜测自身
如甜美的剧场

镜中布满积雪的楼顶
间隙中的人群
业已来临

# 下雨的日子

下雨的日子
美丽的童话进入思想部落
一种神秘气氛浸渍骨架
广告招牌
空中楼阁
题材纷至沓来
乖孩可以静静安睡
视野在索道上滑行
铮铮铁具进入国民经济
这样可以想起以往的英雄时代
雨声很美
回荡于双颊的凉意
在凝视的陷阱里颤栗
伤时的作品无所不在
每一天的日子都要好好安排

# 四 季

春天你拿一束鲜花走入丛林

夏天你拿一束绿色走入
丛林

秋天你拿一束红叶
走入丛林

冬天
你两手空空
一阵苍白的口哨
如漫天的飞雪

然后
你把自己丢失

# 曲调

穿戴整齐的显贵们
迷失于燃烧的曲调

马匹飞过漆黑的天窗
闪电在祭祀时回荡

街上无人谈论天气
因有风暴掠过手中的兵器

众人齐唱赞美诗
下面布满忧伤的凝视

我们饱览过的世间轮廓
于燃烧的曲调中沉没

# 热情的稻香

热情的稻香
环绕手稿
便有白色马群
奔于汉语中央

我在此寻找
天鹅升降的音符
音符中稻子的歌舞
分外吉祥

手持望远镜
莲花开放
镜中的宴席
在稿本上飞扬

人世间沼泽流淌
我嗅到石器里的稻香

# 反 射

所有这一切
从你的指间显现

很久以前你独自寻找
漫天飞舞的红精灵

懂兵法的蚁群
分批进入异国水域的花枝

这秋末谷物的光泽
在十年前早已圆满

墨镜中绿色的世界
渐趋高尚纯洁

相聚的脚印在空间排列
童年的伙伴进入房门一侧

# 热　雾

热雾中的婴儿蹬着双眼
便有芭蕾在夜里旋转

化妆师试图入画
湿润的毛孔散发热气

一代巨商的后裔
埋伏在阶梯下闭门造书

夜明如昼
芭蕾是现代旋转的丝绸

蹬腿的婴儿躺在书旁
房中升起热浪

# 晚秋的包装

晚秋的包装
一种穹幕上变幻的海藻
巨头们围着地图
在紧张的决策后醒来

房门洞开
仿佛一种独特的商标
有人佯装不知
出门忘带归航的护照

在时代在潮里
在闭塞的笙箫中
一部分民众手持橹桨
另一部分看看斜阳枯草

巨头们开始悄悄过滤
时代同时变迁
这就需要一种好心境
注册歌谣

# 雪色风景

雪后
冬天以一种冷笔
涂抹出风景
你总是一个人
欣赏风景画

画是透明的
前后左右欣赏
应该是一样
你以一个角度
走向另一个角度

雪色风景里
他们一个又一个影子
无规则地通过雪地
或许他们也如你
欣赏的是各自的雪景

# 导 师

轮子开阔
假寐的导师
行于河岸

他环顾四周
沉静的幕布上
天鹅飞过

在皎洁的荣光外
他独自盘坐
向往寒宫

草舍外有弟子三千
盛装的和声
此起彼伏

雨燕停顿
导师指点天下
言辞闪烁

上古的地图内
浩瀚的泳者
遍布领地

今日导师立于石窟
驻足的人们聆听晚钟
生命从容

# 归隐

在火萤的流动中
公寓一角布满蜘蛛棋院
绅士读谱
分外孤苦

古往今来翩翩绅士
喝着热茶
交谈罗盘
如背叛主人的面包
展示其独特味道

彩灯之上光环盘旋
观戏的高人
在剧院归隐
即便狂风如注
依旧情有独钟

# 骑士的幻影

骑士的幻影
掠过宽阔的沧波
回落西窗
艳奇之蝶盘旋于
家具之上

笑影折射于石阶
恐怖的幻影
立于碑群中央
他们正倾听方言中
威胁渔村的雕像

这一湾小水的葬礼
抹平密室的盛装
杨柳轻摇
音符的露水
滚落于花蕊

今生不断吟唱
从容出入高高的城墙

## 感受冬季

昨夜
有冷空气
东移南下
于是，冬天
在一夜间
飘满了雪花

一片片的洁白
从下往上
爬上了高高的台阶
整个冬色
在此集聚

晨起
漫天的阳光
纷纷扬扬
一个人的冬季
一个人的歌唱

# 雨滴拍打

雨滴拍打
必有某种海生物
在此孕育葬礼

呜咽的风琴
潜藏的纸浆
栖息于细雨

他们张开双臂
各自品尝
枯萎的墓石

在甲板的水月里
双眸沦陷
烟火四起

沉降的雨滴
不断冲刷
世上沸腾的金属

云彩缓缓陨落
轻而易举触及
仙人掌的发丝

雨滴拍打

玻璃的血迹
红色珊瑚丛
因此分外死寂

# 霜 歌

明月如霜
梅的风姿锁在冷宫之中
闻着花香彻夜难眠
那是今夜冰冻的诗歌

床前的冬月
倾诉着美丽的传说
走进这样的夜晚

在月光下
今日夜曲绽放
夜曲的主人
因此履满霜花

夜半三更思念梅
冷宫之上的斗室
追寻不到一丝月的行踪

# 青　果

雨中
一枚陌生的青果
怦然落地

将湿湿的悸动
溅我一身

# 重　阳

重阳时节
下坠的烛泪
触动往日歌谣

你坐于初落的叶间
品尝甘露
感伤如一把沙粒
被风旋起

对面的蛛网
空无一物
你在枯萎的痕迹里
忘带锁链

我们眷恋晴光
沉默中又到重阳

# 歌 剧

我忽然忆起
昔日歌剧的碎片
犹如一种
无法抗拒的沃土

来自少时的乡村
斗换星移
翩翩的美人
盛开于河畔

散发的牧师
高不可攀
划过星空的光泽
渗入窗纱

红色枫叶
在颤音中纷飞
最后降落于
贵族豪华的地毯

陌生的面颜
依次显现
空中风暴高扬
启动热病

圈套聚拢
锁住仆从
我看见每一块头骨
都分外悸动

流言埋伏
时光倒流
避难的足音
走在剧中的迷途

# 幻 像

顶着雪月
他在烈焰里
劈柴禾

身旁有大河涨落
恋人的脸容
镶嵌于瓦砾中

雪花延伸
壁垒沉寂
于金冠的尖顶
他看见咒语熄灭

一叶漂流的小舟
在铁网里安度
月光祥和
剑飞出鞘

梳理过的呻吟
崩溃后走向复兴
在雪月的金光下
万家灯火透出窗户

以及夜风上升
掩过篱笆的折痕

走在空荡的街道
四处探寻

雪月覆过的酒馆
已荡然无存

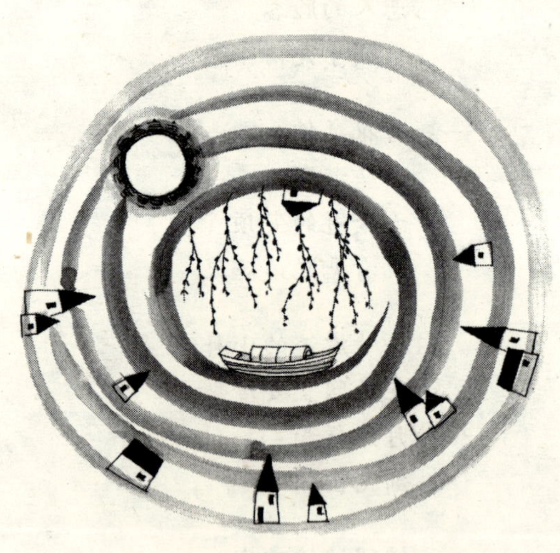

# 野草

今春
你又来到这梦中的草地
向岁月的对面
伸出手去

终有春雨落于指缝
将每一抹凄然的微笑
在空空的手掌中
长成不死的野草

# 稀薄的花气

大厅的密林中
挥发稀薄的花气
门外一阵果雨
惊恐的潜流
微感涟漪

借助于铅
一种闪亮的词语
水晶破碎
弯曲的旅馆里
神话安顿就绪

星辰纷落的眼
美貌倾泻
嘶哑的手腕上
剧评爬坡
源头越过城市的暴虐

# 联 盟

站在金色麦地里
我曾辨认过的事物
比幻想更接近金黄

水滴之下的联盟
走在玻璃的婚房
像一个幽灵的蛾子
迷失走向

进入大钟
有人致力于判断险坡
我打开过的红色封面
到处是流淌的营火

他们在甲板上谈生意
边疆滴水　渗入冷意

# 窗 雨

真正的渴望由此开始
桃红柳绿
温情的翻版

交错的流程持续发展
贫士手持方剂
穿过英雄时代

理论的框架从外部构筑
花谢花飞
门槛的上空支离破碎

窗外的花瓣雨
穿过受难的岛屿
因此我走时忘了说再会

# 台　阶

十二月的北方
你打开朋友的码头
在大雨来前喇叭声咽
某些方面同样应该
充分留有余地

应该在太阳升起的时刻
以一种倾斜的角度
举起手臂
远方的来信
是一种花蕊的启迪

人世间独钟小号
台阶可以随时解体
正如一个国度的创立
鸿运当空
唯才是举

# 结　局

在少时的蓝光里
众人的衣物沸沸扬扬
匆忙的皮箱
未知的结局

我看见灿烂的手指
隔断城池
墟烟四起　普降麦粒
健旺的轨道如释重负

我已经懂得安贫乐道
偶尔向往生命的荣耀

# 歌在边陲

边陲的歌声
纷纷洒在
诗人的外套上

他唯一的枪膛里
蹲着
疏落的锈斑

歌在边陲
雨中的芒果
砸在版图中央

边陲的将士们
意气风发
他们依次唱着赞歌

旧事是烟
诗人灼烧的冥想
是人世的边缘

歌在边陲
一种美满的痛楚
逐渐渗入骨髓

# 纹 理

教室内外
充满世袭的纹理

他们熙嚷的对话
挤压失踪的琴音

纹理中谦逊的背景
布满丰盈的侧影

室外纯粹的音乐
触动藤蔓的低语

他们曾经寻觅
血红的酒肆

在乳色的纹理中
温和的兽群相继溺死

# 雪　野

大雪纷飞
如奔驰于棋盘上的谱
你驱车前往
智慧高强

对面潺动而来的是
尘封的淑女
潜鸟坠落
冰霜覆没
梦游的众生前程未卜

雪野悄悄流泻
透明的景致
别有情趣
你自赏孤芳
消失于起伏的土壤

# 重 逢

重逢于茅屋的灯火下
他们叩击骨髓
暴露家园
光辉的年代麦子永远

重逢于电筒的亮光中
他们攫住隐藏的地貌
翻滚的油墨
重逢于广阔的天边

大风淋漓
度日如年
今日故地重游
重逢的他们一无所知

# 照　耀

天光熹微的时刻
一枚红果
悬于宫殿之上

神气的猎物
悠然晃动
吞没火焰中
独行的车轨

一望无限的废墟里
升腾起阴沉的盐血
岛屿渗出的汗液
隐蔽于开阔处

嶙峋的山脉
遮住天堂
古人头戴斗篷
丈量伤痕的尺度

天光照耀
无序的歌剧
人间纷乱的轨迹
笼罩一路红尘

# 邂　逅

一枝血红的梅
潜在飞雪的国度

曾经的笑意
挂在门帘上
冒着蒸汽

在深秋之尽头
思念梅的踪迹
希冀从北风中诞生

匆匆的影子自远方
扑面而来

血肉和智慧
谣曲和镇定
惟有梅的归期

# 序 曲

冬日庄严的品牌
在小城的装饰中摇动

他们考虑过
在弧光下甩出高招

刊物突破评论局限
发给部落首领梦寐的温床

他们营造卡通的地貌
隐藏的利润不可估量

这一双疼痛的手臂
在讲座中投下灼热的港口

序曲偏移
橱柜下铺满暖春的石基

# 宿居生涯

宿居生涯
意味弯曲的挣扎

他们赞美友爱
歌唱欲望的星座

在布满探戈的海滩
今夜你分外灿烂

墙外的乞丐
正在热情地蹒跚

你指望火舌绕梁
开出绮丽的玫瑰

花粉移行的好时辰里
他们放声歌唱

# 今夜客栈

今夜的客栈
悬浮于喧嚣之上

香丽的客厅中
刻满酒神的烙印

时而有人拜谒
耗费巨资的福祉

面孔时盈时亏
迷失于漆黑的围栏

有一客官悄悄捉摸
塞外的冰河铁马

闪耀的炭火
褪尽世间夜色

# 伤　痕

紫色消退
绣花的伤痕
撑起一轮黄月

在沉默的传票里
稻草的灰烬
维持这堆篝火

铺上有芳香的箴言
奔游的鞭子
抽打坚硬的旅程

今夜伤痕累累
犹如丰功伟绩中
旋转的纺锤

# 时 代

民谣传来一种信息
谁把她一个人扔在这里

升起的手和药罐一样客观
在海内外人流繁荣的时代

有谁试图揭开现代的锅底
鞭子隐现满是蒸汽

但不久他们离开部落的价值取向
白昼里的霹雳步入沉静

而我始终这样走着不动声色
目睹种种典礼

# 穿过吉他的皓月

穿过吉他的皓月
降临于手掌的门扉
并在麦芒中背叛表情

陌生的脸冒泡
正值手镯上的沙砾
进入漫飞的方言

三三两两的人缩头缩脑
举手投影一种默名的礼节
他们深知怀有罪孽

穿过吉他的皓月
清点着亮灯的窗棂
月下的你有口难言

# 哑 巴

哑巴的足迹
飞奔于
旋转的圆盘

焕发容光的巨石
交织成十字架
在衣袖的梦想中
坠落

站在冰川上
众人不擅辞令
诡计全无
他们的子孙
深带忏悔

聆听回声的哑巴
带着光亮
陷入情网
乖巧的样子酷似
驯服的花布

众人的倒影
在百年后
白发苍苍
琐事中的冷面哲人

不堪重负

此刻清澈的哑巴
展翅穿过捷径
众人无处可寻

# 庆　典

大理石像
伫立在背影里
人们奔走相告

展开庆典
平和的夕光
涌入画面

旋梯里的商人
毫无表情
凝视斑污的画面

马戏场里
沸腾的狮子
敲动凌乱的鼓膜

火红的庆典里
人们相互问询
朴素的祝福

在观众的吆喝中
幻觉的财富
一抢而空

# 今夜寂然

今夜寂然
我看梅花的骨骼
如悬挂于墙壁上的风筝

九年后烟火不灭
亭亭少女　朦胧少年
他们曾一度连袂出演

我就此秣马厉兵
岁月为营　诺言是铆钉
他们反复摩挲茂盛的红叶林

今夜我寂然一身
翻完手中的章节
深谙巨人的平凡手笔高屋建瓴

# 守 候

我在拐角处张望
烟囱缥缈
车流如梭

存在于地窖里的私语
穿过隧道
探测一种深度

街道翻飞
创办多年的实体
就地埋葬

在小巷独行
蝙蝠升腾
众人在忧患中啃食

暮色里
你在彼岸守候
万家灯火涌进街头

# 娓娓道来

恍惚中砾石漂移
他穿过樱桃音符
踏上往日青苔
娓娓道来

大河轰鸣
胡同里飞走一阵鸟雀
人们各自躲在房中
欣赏倒挂的镜框

一阵马群的烟云
锁住觅食的猎人
弧线越空
众人品味失去的影踪

他在琥珀里遥看
人群如彩印的封皮
动荡的年代
来自野生地带

# 室　内

在室内
谁都可以欣赏自己的各个角落

外面的脚步陈旧
以及牧师的表演精湛之至

请稍留步
停留的顾客注视佳丽

棱角分明的日子里
其实众多脸容似曾相识

在冬季需要举起火把
这文明的气氛来之不易

这世上人人手段高强
而只有务实者百世流芳

# 历历在目

西山渗出残红
村民们推窗的时候
脸上浸满薄薄的冰霜
宛如梧桐的幻影

消失于麦地的种籽
来到烟雾的影子中央
旧居中的儿戏
历历在目

天上飞过陡峭的流云
地上绽开苏醒的精灵

# 旋转的陀螺

云朵压缩
荒原外的茅屋里
有烛火摆荡

今生今世
云朵此起彼伏
抵达上方的苍穹

一阵黑风中
黄脸的汉子们
在城墙下碰杯

在烽火中
他们想象流放的骚动
飞过暖春的泡沫

而哲人
总是透过云朵
冷静俯视
人间旋转的陀螺

# 迹　象

雨衣飞翔
落花的流域
如回归的车轮

光芒四射的战旗
在升起的脉搏中
变幻物产

于钟壳的拐角
你戎装出门
眼前一片晕眩

下雨的日子
这出生入死的鼓点
左右埋藏的局势

# 黑 街

夜色入街
忽闻猫的叫声

天很冷
剧本悬于大厅中央
下面堆满木柴

娜拉的小孩
埋头走过
无人的十字街心

窗色沉默
黑街飘荡在弥撒的音乐中

# 哑　火

晦暗的哑火中
升起巨人的优秀诗篇
时而不断冲刷
今夜热浪的钟点

停留于风暴中的果实
遍体通红
这双曾带手套的抒情之手
现在空无一物

颤动的高角杯
挂于微妙的枝桠
晦暗的哑火
捷足我们痛创的鼓乐

今夜巨人的优秀诗篇
通体涌流如歌

# 画布的下水道

画布的下水道
腐蚀众人的眼神

酒宴中马蹄的涡流
透过重重棱镜

凋谢的元素
变成闪耀的翅羽

通向边锤省分的画廊
割裂山谷的光谱

一轮橙黄
悬于高原中央

在画框的边界按铃
滚圆的水滴滑落于墙根

台阶朗照　知觉混圆
他的前额布满繁茂的岩石

# 颂 歌

阳光的火焰
熊熊燃烧

在炮火中
众人唱着颂歌

尘世的薄膜
炽热的祝福

人群毫无畏惧
隐现于旋律

千万张笑脸
凌驾于巨浪

他们携带礼物
走在飞檐上

尘世的薄膜
一种七彩的颂歌

# 广场

摇坠的欢愉替代家人
从而积雪的裂口
松柏孤苦逐渐康复

你首战告捷
关于古色古香的人群
并且人群中有人叫喊
市区的广告牌

我们尊敬空旷的广场
大批修士今夜来到
回家我们回家
无形的公众嗓子失哑

## 文明的织物

文明的织物
套住焰火
追赶骗局的刻度盘
以一种崇高的空气
给人安慰

火把之上
飞鹰流泻的声响
超越清澈的眼
荆棘丛生的天空中
结束悦耳的福音

易损的织物
来到平台
破碎的文明
来自双眼中的晶莹

# 印　象

拍打河床的浆糊
飞旋沧浪

归来的轮椅
叩击敌军帐前

绣花倾泻于长袍
迎面是夺目的梅香

拯救苍生的义军领袖
走在浆糊之上

这是凝冻的时代
红果的东方一片皓白

# 天 才

在圣经的磷光里
追寻不朽的天才
瞻望亚当

庄子的身上
挂满星斗
掌声的浪不容置疑

在旷野优美的哀号里
人群来来往往
面带笑意

栖息于神迹的天才
深居简出
格外镇定

# 门 槛

残破的光线
在秋雨中的草堂冻结
她在来客间弹奏古乐

从三皇五帝到如今
总有人满腹机械
稳操胜券

时而她如漂泊的火蛇
游荡出门槛外的夜
乐器的流域因此爆裂

## 透过繁华

透过繁华
我看见他们筑城
灾难中燃烧的火炭
照亮腐烂的路径
直到万物临晨

我知道散落的格言
发自酒窖上空的金星
此时众人来去匆忙
他们面带忧伤
相互躲藏

繁华散尽
我看见高寿哲人的背影
投射在支点之上

# 部 落

夏日某个下午
你已穷途末路

雨声浸染时代
嗓门失声
千山万水阻隔
溢彩的探戈流入血管

有人扒着窗户往里看
你把地址填上信封
有一种声音如小钟滴答
又如脊梁被铁锤敲打

观赏一下也好
下雨的时候
你去市场上转一圈
就一定回来

# 通　道

通道来源于
落破的铁栅
众人的头顶
风雪交加

密封的通道里
黄叶凋零
外面的世界
灯火通明

通道穿过人间烟火
英雄的序曲里
升起一个
飞旋的陀螺

幽暗的通道中
挂满了蛛网
外面的人群
陷入迷惘

光明的通道
抵达天堂的果园
园中的火蛇
似水流年

看见冰层里
躁动的通道
其中的行人
面带微笑

# 钟　声

揭开喧响的门廊
热潮涌入
不朽的钟声响起
拂动隶属眼帘的花束

我们热爱典故
书籍的组合是一种滋补
房梁上的残骸
向燧石移动

喧响的钟声
在光辉的典故中
重返书香
窖洞中布满煤油灯光

# 火　炬

复归的火炬
吞噬人生结局

英才退隐
墨水落满木盆

光亮映红典籍
遮住熟知的家具

哀愁漫飞
如一排冒汽的茶杯

如果世人都一意孤行
世上早已布满寒冰

# 座 标

座标的中央
光晕摇晃
怒放的戏曲
开在标语上

街道两旁
钟声在饥寒中疯长
纹身的春藤
也在梳妆

沉睡的配角
看见广阔的符号
指缝的域外
布满沙子与白骨

# 开花的虎

开花的虎
盘旋在
神的墓穴之上

开花的虎
独自编织
世间绚丽的麻布

自古的绘画
是对现实的玷污
开花的虎
就地装入画框

因有虎的啸声
景中衰老的角落
到处布满
春光的凝视

超越时空的虎
豁然大开虎口
岩石永生
花枝明媚

开花的虎
在盘踞中酸麻
四周传来一阵大鼓

# 翱 翔

长廊的尽头
挂着一盏孤灯

荒凉是一种奇迹
我们正向奇迹里翱翔

灯光照亮脸庞
镜中人得意洋洋

隘口的马匹
划亮沉寂的香馨

我们渴望恐惧
并在恐惧中兴旺

# 布满

这世界到处布满
漫不经心的渔翁

热雾中的美食
升腾起一片噪音

人人放下鱼钩
心怀计谋

星光下的单身汉
在此蒙难

过路人的脸庞
漫步在玻璃之外

你于是告别晚宴
吮吸万家灯火

# 眩 目

红尘飞扬
为生计奔波的过客
沿着路线涌动

从药片的缝隙里
边塞的守将
翻身落马

车流的拼图
在人海中
满载泛光的斑锈

这世间影像起伏
沐浴其中的诗人
一片眩目

# 独处之时

一人独处之时
我看到墙上掠过
滚动的斑马

护送新娘的使者
满载火红的嫁妆
浩荡过江

雪阳交融
这群远方的使者
在泡沫中穿越

窗外狂风起伏
安详的蜗居
冰伤阵痛

一人独处之时
一种欢愉的颤波
进入史前的炮火

# 涌 现

在大众密封的拐角处
砖瓦延伸
航程涌现

在制度之外
老人果断的手杖
敲打组织

人们充分就业
渗入观念的镰刀
在白日下收割

乡村就地实施
红尘滚滚的脚下
是一片唤醒的土地

一旦抓住形势的碎片
篱笆院落
待遇改变

这颠簸的历程
是光明的缩影

# 红 晕

在都市
在繁荣的灯火中
他们在钟声里过夜

一道醉人的红晕
在冰封的街道
跳跃

隔着玻璃
他们惺忪地眺望
流动的大局

密室里的矿工
在对岸
隐埋宝藏

今夜
被钢琴统治的现实大地
散发花气

# 今生我们在此相遇

今生我们在此相遇
喇叭呜咽
不治而愈

域外的房东
相互尊重
构造一种价值取向

这是异域的旅舍
风尚古远
品质卓越

在金光闪闪的罗马
内心深处的卫兵
就地换岗

今生我们在此相遇
励精图治
忠贞不渝

# 木偶

乱世间硬壳绽开
红尘中的木偶
因此解开绷带

屋外盛产风雪
屋内朝气散发
来自极地的歌手
就地投宿

窒息的木偶
在旷茫间
漫入史书兵马

谈天的剧组
举目四望
一种陈酿的感伤
一种发自粮草的果香

这红尘中的木偶
今逢盛世　难觅佳人

# 方舟沉落

方舟沉落
抽芽的战士
潜游于羊群

鲜红的光芒
是顽强的守军
在怀孕的山头
晒太阳

他们赞美红裙子
歌颂恐怖的轨道
赐予的尸骨

海中升起方舟
岸上遍布
火焰的独奏

# 陷 阱

初霁的草民
走在大地的薄纱下
冰雪或烈日里
人们相爱相亲

旋转舞台上
众多脸容灿烂
调频的主题
在掌声中衰败

许是影集坠落
滴水入骨
剧场的陷阱里
总有炉火潜行

# 庭　园

一阵风琴掠过庭园
飞鸟流走
草木荣枯

他们早已习惯耕种
忧伤报废
几经寒暑

一束光辉的玫瑰
如国王珍爱的耳坠
照亮青铜乐谱

庭院深深
他们对此守口如瓶

# 水 纹

这一湾丰澄的水纹
阡陌散发

热气中杂物横流
堵塞梦境

水纹中他们招手
尤如消融的水果

斑驳的日子
印刷在萤火的背景上

我们翻阅熟悉的粮食
复归的奇想入住根部

## 露天电影

露天的放映机
吱吱转动于
雀跃的手臂丛林

幽暗中一道白光打通
站台的回声
孩儿的啼哭
在白雾的街市延伸

随着翻转的光束
天空飞过寂灭的羽衣
英雄的人们
随之走向旷达

圣歌飘零　音乐明净
塞外的火柴
照亮致命的碑文

这幸福的国度
来自幸福的雅典神

# 界　线

在镜中
在绅士的身旁
我们披着盔甲安坐

众生奔驰于界线
金缕玉衣
风残烛年
论者显示卓越品质

我们看见花束
因饥饿而封冻
因封冻而辽阔

纵然绿叶转枯
烈日当空
而我们的清水潺缓
痴心不变

草原悠扬的牧歌中
羊群隐没
牧女纷飞的幻影
宛若红玫

在镜中
在收藏的杂志里
你道声别离

# 规 则

他们查找和煦的市场
放大镜下的价位
潮起潮落

巨寡们碰在一起
划亮火柴
照着各自的房产

在优雅的喧嚣中
酒店伫立
如人海中的灯塔

相貌在货物上悬浮
世间的法则
光芒四射　日日当空

生意惨淡　今又重逢
往日的温床
渐渐消融

# 忧伤时刻

阳光再次残缺
树木深入秋日内部的时候
叶就要远远地离开
这样很好
我也远远地离开自己

叶远走的时候
冬天来了
有人在陌生的人群中
嘶哑或闪烁
我只能转身说再见

## 异乡人

世界从来就不会平静
疼痛的双眼
验证人群已愈来愈拥挤

喧哗与嚣动
是一片茂盛的高粱地
太阳在我们的头顶
渐渐发黑
使我们闻到高粱酒
陈年的烈味

独处异乡
看到千万双手在太阳下
翱翔或者狂舞
然后依次远离自身

在苍茫的自然背景下
一切都须重新回到桌面

# 古观气象

如果时间的壁垒
依次松动
古观气象
头撞大钟
他们正策划行于玄空

海水升起的白鹿
徽章耀目
独自惊恐
对桌的友人被雾锁住
另起炉灶

一排排红砖绿瓦中
自古王者征服旅行
旅者披上鱼鳞
出城度假的古代皇帝
正在雪天接种炉火

谋士在火中望天
落花潺潺
似水流年
落泪的戏子
就此金盆洗手

# 一隅

站在角落里
我撕下一张日历

这扉页被风吹走
还有遗留下来的古老风俗

古代圣贤扛起一缸老酒
还有一把铁锹跟在身后

在如此罕见的日子里
戴上草帽就有一路丝雨

十年以后如果不死
睁眼看看水中的女子

# 红 唇

临近巨流的红唇
悄然越过烛光下的琴

清澈的溪流渗入火情
沉醉的沙土紧固于断层

瀑布冲涮背后的奇观
睫毛闪动如云端的羽毛

无数镜子滋养过的红唇
密布于旋风下爆裂的干草

繁华的陈列厅里人来人往
墙面上遍布弯弓大雕

烛光中的红唇
一种叠进病痛的过程

# 在广袤的陈述中

在广袤的陈述中
赶考的才子策马扬鞭

一个个眼窝
一串串想念的装饰

掩饰功绩的无名乘客
塞满冒着蒸汽的瓦罐

矗立城脉的界限
在此凝结

在广袤的陈述中
考官们苦心批阅

# 凤凰故乡

火中的栗子
种满胸中的戈壁

火苗越过三丈三
骏马越过一片晴朗

麦浪涌起
葵花燃向血太阳

风沙洋溢的梦痕
是覆盖草原的衣裳

照亮脸庞的火中女子
驰往凤凰故乡

# 后　记

诗歌的阅读与创作相通，同样是一个曲径通幽的感悟旅程。

真正的诗意重在某种味道，就像意识流或超现实主义的音乐或画作，其意义并不是明确告诉我们什么，而是我们从中感受到了什么。欣赏同一个意识流的作品，不同的人会有不同的体验，即使是同一个人在不同的时间段来欣赏也会有不同的感觉。

我相信人的内心大多具有诗性的一面，而诗歌的阅读旅程，就是我们感受生命的一个过程。在独特变形的韵律中，通过追忆或体悟，我们有时会忽然触及曾经岁月里似乎存在过的自己，或又似乎找寻到了某种现实生活中不存在的东西。

由此，在我们匆匆忙忙赶路的过程中稍稍停下脚步回望旧日岁月的某个时刻，或者当我们偶然翻起那些尘封在青春岁月中诗意碎片的某个瞬间，也许有一种回归内心的感动，也许是某种莫名的寂美就会在不经意间悄然涌现。